JUGEMENT ET ARRÊTS

CONCERNANT

LA MÉDECINE DE LE ROY.

MÉDICAMENS LE ROY.

JUGEMENT DU TRIBUNAL DE ROUEN.

Des minutes du greffe du Tribunal civil et de première instance de l'arrondissement de Rouen, département de la Seine-Inférieure, est extrait ce qui suit :

Audience correctionnelle de la troisième du Tribunal civil de Rouen, tenue publiquement, le neuf décembre mil huit cent quarante-un, par M. Letourneur, chevalier de la Légion-d'Honneur, avec qui siégeaient MM. Gonse, juge, et Heuzey, juge-suppléant, qui remplace M. Boné, juge, vaquant à d'autres fonctions, en présence de M. Pinel, substitut du procureur du roi, assistés de Mᵉ Cauchois, greffier audiencier.

LE PROCUREUR DU ROI

CONTRE

Lucile-Adèle-Madeleine DELARUE, veuve d'Adrien-Alexandre LECOQ, née à Lyon, âgée de cinquante-sept ans, couturière, demeurant à Rouen, rue Neuve-Saint-Amand, numéro onze.

Inculpée d'avoir vendu un remède secret ;

Et Hypolyte BLANCARD, né à Sens, âgé de trente-et-un ans, pharmacien, demeurant à Paris, rue de Seine-Saint-Germain, numéro quarante-neuf.

Inculpé d'avoir fabriqué et vendu un remède secret.

La cause appelée, M. le président prononce ce qui suit :

En ce qui concerne la veuve Lecoq :

Attendu qu'il n'existe pas contre cette femme preuve suffisante d'avoir débité ou vendu le remède dont divers flacons ont été saisis chez elle, et qui est connu sous le nom de *Médecine Le Roy*;

Qu'à la vérité, la femme Julien a déposé que voyant son mari sur le point de mourir, elle s'était adressée à la veuve Lecoq pour obtenir un flacon de cette médecine, mais qu'elle a ajouté n'avoir obtenu sur ses instances la livraison de ce remède qu'à titre de pure obligeance, et à charge de lui en rendre plus tard la même quantité;

Que, de son côté, la femme Lecoq prétend avoir reçu les flacons pour son usage particulier, et que cette prétention de sa part n'a pas été démentie par l'instruction;

Et attendu, dès lors, que les peines prononcées par l'article trente-six de la loi du 21 germinal an onze et invoquées contre cette femme ne peuvent lui être appliquées;

Le Tribunal, par ces motifs, la renvoie des fins de la poursuite de M. le procureur du roi, sans dépens;

En ce qui touche Blancard :

Attendu qu'il résulte de l'instruction et des débats, et principalement de la déclaration faite par la veuve Lecoq sur l'origine des flacons trouvés chez elle, et qui lui auraient été transmis par la pharmacie dudit Blancard, de la perquisition faite au domicile de cet inculpé, et qui constate qu'un grand nombre de flacons semblables, tous *remplis du purgatif et vomi-purgatif selon l'ordonnance du docteur Le Roy*, existaient dans sa pharmacie au moment de la visite, et qu'une caisse remplie des mêmes flacons était préparée et sur le point d'être expédiée, et aussi des interrogatoires subis par Blancard, tant à Paris dans l'instruction qu'à l'audience du sept de ce mois, que ce pharmacien a réellement vendu et débité ces remèdes ;

Mais attendu que cette vente et ce débit, à raison desquels il est poursuivi par M. le procureur du roi en vertu des dispositions des articles trente-deux et trente-huit de ladite loi du 21 germinal an onze, ne peuvent donner lieu à l'application d'une disposition pénale, qu'autant que les remèdes susdits devraient être considérés comme des remèdes secrets, puisque c'est la vente des remèdes secrets qui est interdite aux pharmaciens par cette loi, sous peine de l'amende prononcée par le décret du vingt-neuf pluviose an treize;

Qu'il y a lieu, en conséquence, d'examiner ce qu'on

doit entendre sous le nom de remèdes secrets; que si on consulte le sens naturel et grammatical de ces mots, on devra regarder comme tels ceux dont la composition et la préparation sont tenues secrètes par leurs auteurs, pour pouvoir le plus souvent mieux déguiser l'inefficacité de leurs prétendues découvertes, et mieux s'assurer, aux dépens de la crédulité publique, un gain illégitime;

Que si l'on examine les diverses dispositions de loi qui ont été portées sur la matière, on sera convaincu que le législateur n'a pas voulu entendre autre chose par les expressions *remèdes secrets*, et qu'il a voulu, en défendant le débit et l'annonce de ces remèdes, même aux pharmaciens, garantir la société de ces compositions mystérieuses, fastueusement annoncées par des empiriques, et d'autant plus dangereuses qu'elles sont plus recherchées par le public ignorant, lorsque les élémens qui les composent sont plus inconnus;

Que le décret du 25 prairial an treize, en disant dans son article premier que la défense de vendre des remèdes secrets ne concerne pas les préparations approuvées avant ladite loi, et celles dont la distribution sera permise, *quoique leur composition ne soit pas divulguée*, fait assez entendre que les remèdes dont la composition n'a pas été tenue secrète, mais au contraire a été divulguée par leurs auteurs, ne doivent pas être rangés dans la classe des remèdes secrets;

Qu'il en est de même du décret du 26 décembre 1810, qui donne au gouvernement le droit d'acquérir de leurs auteurs la formule des remèdes nouveaux; que les dispositions de ces lois et de toutes les autres relatives à la matière n'ordonnent d'une manière formelle d'avoir recours à l'approbation du gouvernement que pour les remèdes dont on voudra s'assurer la vente exclusive en tenant secrets les élémens qui les composent;

Que l'on ne peut prétendre que tout remède non compris dans le *Codex medicamentarius* est un remède secret, et dès lors défendu, puisqu'il est vrai de dire, si l'on pèse attentivement les termes de la loi du 21 germinal an onze, et notamment les articles trente-deux et trente-huit, que ce Codex doit avoir surtout pour objet d'indiquer aux pharmaciens, dans l'intérêt de la santé publique, les drogues dont ils devront toujours être munis et les ingrédiens qui devront les composer; qu'on ne trouve dans aucune disposition, soit de cette loi, soit de celles qui ont suivi, l'intention qu'aurait eue le législateur d'interdire comme remèdes secrets tous remèdes autres que ceux énoncés au Codex ;

Et attendu, en conséquence, que les remèdes saisis chez Blancard et connus sous les noms de *Purgatifs et vomi-purgatifs selon l'ordonnance du sieur Le Roy*, ne peuvent être considérés comme des remèdes secrets, puisque, dans un ouvrage qui est parvenu à sa quinzième édition, ce docteur fait connaître les divers ingrédiens dont ces remèdes se composent ; que, dans un formulaire rédigé par Bouchardat, pharmacien à l'Hôtel-Dieu, la manière de préparer ces remèdes est trouvée indiquée, et que les élémens qui entrent dans la composition de ces purgatifs sont connus des médecins et des pharmaciens depuis un grand nombre d'années ;

Le Tribunal, par ces motifs, dit n'y avoir lieu à faire audit Blancard l'application des dispositions des articles trente-deux et trente-six de la loi du vingt-et-un germinal an onze ; en conséquence le délie de la poursuite du ministère public, sans dépens.

La minute dûment signée, enregistrée, à Rouen, gratis, le dix-sept décembre mil huit cent quarante-et-un, folio cent quarante-et-un, cases une et deux, signé MAILLET.

Certifié conforme à la minute et délivré au sieur Blancard.

Le greffier en chef,

Signé, LE BER.

Vu par nous, juge au Tribunal civil de Rouen, pour valoir de régularisation de la signature de M. Le Ber, greffier dudit Tribunal.

Rouen, le dix-neuf février mil huit cent quarante-un.

Par empêchement,

Signé, MILET, juge.

Ce jugement, frappé d'appel, a fait revenir la cause en Cour royale.

COUR ROYALE DE ROUEN.

Du 27 janvier 1842, la Cour royale de Rouen, chambre des appels de police correctionnelle, a rendu l'arrêt suivant :

Le ministère public appelant d'un jugement rendu par le Tribunal correctionnel de Rouen, le 9 décembre 1841, dans le procès suivi contre : 1° HYPOLYTE BLANCARD, âgé de 31 ans, pharmacien, demeurant à Paris, rue de Seine St.-Germain, n° 49, né à Sens ; 2° LUCILE ADÈLE MADELEINE DELARUE, veuve d'ADRIEN LECOQ, née à Lyon, âgée de 57 ans, couturière, demeurant à Rouen, rue Neuve-Saint-Amand.

La cause appelée, etc.

A l'égard de la veuve Lecoq :

Adoptant les motifs des premiers juges,

En ce qui touche Blancard ;

Attendu qu'il est poursuivi uniquement comme ayant vendu des *remèdes secrets ;* c'est là, en effet, la prohibition textuelle de la loi du 21 germinal an onze et du décret du 18 août 1810 ;

Que si ces lois et décret n'ont point dit ce qu'il faut entendre par *remèdes secrets,* il est évident, d'après le sens naturel et rationnel des mots, d'après la définition même du *Dictionnaire des sciences médicales,* enfin d'après le texte du préambule et des articles premier et huit du décret précité, que par là il faut entendre les remèdes dont la composition n'a pas été divulguée, dont *les inventeurs gardent le secret de leur composition* dont ils ont seuls *la recette,* dont ils tiennent la composition *secrète ;*

Or, attendu que les médicamens saisis dans la pharmacie de *Blancard,* et qui sont connus sous le nom de *médecine Le Roy,* sont depuis longtemps *devenus publics,* que leur composition, quant à chacun de ses élémens, avec les doses qui le constituent, a été publiée et imprimée dès 1813, par le chirurgien Le Roy dans un ouvrage qui a été reproduit depuis, jusqu'à la quatorzième édition ; qu'elle a été déposée avec ses formules, dès 1819, au ministère de l'intérieur dans le seul but de sa plus grande publicité ; que mise ainsi à la connaissance et à la portée de tous, elle a pu être vendue par tout pharmacien ; que de fait elle a été ordonnée à Paris ou ailleurs par des médecins qui en ont approuvé la recette ; qu'elle a été insérée dans plusieurs formulaires de pharmacie, notamment dans celui publié par M. *Bouchardat* et dans celui du docteur *Jourdan* ; qu'elle est devenue fréquemment le sujet de Thèses *publiquement* agitées devant la Faculté de médecine de Paris ; en un mot qu'elle est tombée dans le *domaine public* ;

Attendu que dans un tel état de faits les médicamens dont il s'agit ne peuvent être qualifiés de *remèdes secrets* ; que peu importe pour l'application pénale de la loi de germinal an onze et du décret du 18 août 1810, que cette composition n'ait point été insérée au Codex pharmaceutique, publié sous l'autorité de la Faculté de médecine de Paris, puisque les lois précitées ne proscrivent pas la vente du remède non inscrit au Codex, mais la vente du *remède secret*, et qu'enfin il est impossible de soutenir qu'un remède *publié*, divulgué par toutes les voies possibles, est un *remède secret*, à peine de jeter dans la loi la plus étrange confusion de mots et d'idées ; que le défaut d'approbation par l'Ecole de médecine d'un remède dont la composition a été rendue *publique* ne peut jamais en faire un *remède secret* ; qu'à cet égard la législation précitée n'accorde aucune juridiction à l'Académie de médecine ; qu'elle se trouve restreinte par le décret de 1810 seulement aux *remèdes secrets* ;

Attendu que l'inscription d'une formule nouvelle au Codex exigée comme condition de la vente licite de ladite formule, ne serait rien moins qu'une entrave violente mise à la pensée et au génie sans cesse progressif des hommes de la science ; qu'une sorte de ligne tracée, pour lui défendre, sous peine d'amende, d'aller au-delà des formules connues, au moins jusqu'à une nouvelle publication du Codex ; qu'une telle prétention qui n'est ni de notre temps, ni de notre civilisation, ne blesserait pas moins les intérêts de l'humanité, qu'elle serait repoussée par l'impossibilité de son exécution, par le nombre immense de coupables qu'elle créerait dans la personne des chefs mêmes de la science, de ceux qui l'honorent le plus par les découvertes de leur génie, découvertes incessantes, de tous les jours, et dont une multitude, ainsi que l'attestent de nombreux exemples cités en plaidoirie, ne figure pas dans les formules du Codex ; que de telles conséquences suffiraient pour ruiner cette interprétation de la loi ;

Attendu qu'il ne s'agit pas d'apprécier ici le mérite ou l'utilité du médicament dont il s'agit, que cette question est uniquement du domaine des hommes de l'art ; qu'au surplus, soumis plusieurs fois aux expériences de chimistes habiles, et notamment du célèbre *Vauquelin*, ce médicament a été reconnu, non seulement *ne contenir aucune substance nuisible à la santé, mais même se composer de tous élémens consignés dans tous les ouvrages de pharmacie ;*

Attendu que, poursuivis, il est vrai, avec une grande persévérance, devant plusieurs tribunaux, *Le Roy et ses adhérens* ont *toujours* obtenu de la justice la reconnaissance et la protection de leur droit, de même qu'il avait été formellement reconnu par le ministre de l'Intérieur dans une circulaire du 19 juillet 1823, adressée à tous les préfets ; que c'est ainsi qu'il a été consacré par diverses décisions souveraines , notamment par un arrêt de la Cour royale d'Orléans du 18 mai 1819, puis par un jugement du Tribunal correctionnel de la Seine, qui n'a même pas subi la contradiction d'un appel ;

Que dans un tel état de fait et d'actes des autorités administratives et judiciaires, la condamnation de Blancard aurait quelque chose de plus que rigoureux ; qu'elle blesserait en quelque sorte la foi publique, le respect et la foi dus aux arrêts de la justice ;

Attendu d'ailleurs que lors de la saisie des médicamens en question, puis dans l'instruction, il a été déclaré par Blancard qu'il ne vendait cette composition que sur l'ordonnance formulée d'un médecin, entr'autres du docteur *Signoret;* que cette assertion, confirmée par celui-ci, n'a été démentie par aucun des élémens du procès , que ce mode d'opérer est conforme aux règles tracées par la loi du 21 germinal an onze, article 32 ;

La cour, faisant droit sur l'appel, confirme le jugement de première instance.

Pour extrait conforme, délivré à maître Lecœur, avocat du dit sieur Blancard, sur sa réquisition.

La greffier en chef de la Cour royale de Rouen.

Signé, FLOQUET.

Cet arrêt est conforme à la jurisprudence adoptée par un grand nombre de Cours et de Tribunaux. En effet, l'avocat-général disait en 1821 : — « Doit être considérée comme un remède secret toute préparation médicinale, dont le nom véritable, si elle est simple, dont les noms et les doses, si elle est composée, ne sont point connus ; dont la formule ne fait point partie du formulaire rédigé par la Faculté, *ou qui, n'étant imprimée dans aucun formulaire, traité ou journal de médecine, reste la propriété de son inventeur, n'est point à la disposition des autres médecins ou chirurgiens, et ne peut être exécutée par tous les pharmaciens indistinctement.* »

(L'Officine, page 529.)

On ne peut ranger dans la classe des remèdes secrets ceux qui sont composés d'élémens connus, sans quoi ce serait priver la science médicale des moyens de perfectionnement. (Tribunal de première instance de Montpellier, 16 août 1831.)

Les remèdes officinaux dont les brochures imprimées révèlent l'existence ne peuvent être dans le sens légal réputés secrets. (Tribunal civil de Blois, 18 juin 1831.)

Un remède dont la formule a été publiée n'est plus secret. (Tribunal de Lyon, 5 février 1828.)

L'arrêt de la Cour royale de Rouen a été déféré à la Cour de cassation qui, par arrêt du 11 novembre 1842, l'a cassé, quant à ce qui regarde M. Blancard seulement, et l'a renvoyé devant la Cour royale de Paris dont suit l'arrêt :

COUR ROYALE DE PARIS.

La Cour royale de Paris, chambre des appels de police correctionnelle, a rendu le 7 janvier 1843 l'arrêt dont la teneur suit :

Entre le procureur du roi près le Tribunal de première instance de Rouen ; plaignant, demandeur, appelant, d'une part ;

Et Hyppolite Blancard, pharmacien, demeurant à Paris, rue de Seine, n° 49 ; prévenu défendeur, intimé ; comparant à l'audience assisté de Me Mermilliod, son avocat, d'autre part ;

Le dit procureur du roi appelant par acte passé au greffe le 9 décembre 1841, d'un jugement contradictoire du Tribunal de première instance de Rouen, en date du même jour.

Ouï le rapport fait à l'audience publique du mercredi 4 janvier 1843, par M. le conseiller-audiencier Jurieu ;

Ouï le prévenu en ses dires et déclarations, ensemble en ses réponses aux interpellations de M. le président ;

Ouï pour le procureur-général, M. de Thorigny, substitut, qui, après la discussion de l'appel du ministère public, a conclu à l'infirmation du jugement et à l'application des articles 32 et 36 de la loi du 21 germinal an XI, et l'article unique de la loi du 29 pluviôse an XIII ;

Ouï le défenseur de Blancard, dans ses observations et conclusions tendantes au maintien du jugement attaqué ;

Vu enfin toutes les pièces du procès, notamment l'arrêt de la Cour de cassation du 11 novembre dernier, qui renvoie Blancard et lesdites pièces devant la Cour royale de Paris, chambre des appels de police correctionnelle, et vidant le délibéré à l'audience du 4 de ce mois.

La Cour, statuant, par suite dudit arrêt de renvoi, sur l'appel du procureur du roi de Rouen, du jugement du Tribunal de police correctionnelle de ce Tribunal du 9 décembre 1841.

Considérant qu'il résulte du procès-verbal du commissaire de police, en date du 5 juin 1841 et des débats, qu'en 1841 Blancard, pharmacien, a mis en vente et vendu un médicament indiqué sous la dénomination de *purgatif et vomi-purgatif, selon l'ordonnance de M. Le Roy ;*

Considérant que ce médicament doit être regardé comme remède secret, puisque cette composition pharmaceutique n'est ni conforme aux formulaires ou codes légalement rédigés et publiés, ni achetée et rendue publique par le gouvernement, conformément au décret du 18 août 1810; que vainement Blancard allègue qu'il ne vendait cette composition pharmaceutique que sur ordonnances du médecin Signoret ; qu'il résulte, en effet, des pièces produites, qu'aucune formule spéciale et rédigée pour des cas particuliers n'a été remise à Blancard par Signoret, et qu'il ne peut prétendre avoir préparé et vendu un remède magistral ;

Considérant que Blancard a ainsi contrevenu aux dispositions de l'article 32 de la loi du 21 germinal an XI ;

Mais considérant que cette infraction n'est punie par aucune disposition de la loi, que le décret du 29 pluviôse an XIII, qui détermine la peine à appliquer pour les contraventions prévues par l'article 36 de la loi du 21 germinal an XI, n'en contient aucune contre les contraventions à l'article 32 de la même loi, que l'article 36 n'a prononcé de peine que contre les annonces de remèdes secrets et contre les individus qui, sans être pharmaciens, débiteraient des remèdes au poids médicinal ; que les Tribunaux ne peuvent suppléer au silence de la loi, ni prononcer par analogie une condamnation qui n'y est pas formellement écrite ; met l'appellation au néant et renvoie Blancard des fins de la plainte.

Fait et prononcé au Palais-de-Justice à Paris, le 7 janvier 1843, en l'audience publique de la Cour, où siégeaient M. Simonneau, président ; MM. de Glos, Grandet, Taillandier, Try, Poultier, Delahaye, Zangiacomi, conseillers, et M. Jurieu, conseiller-auditeur, lesquels, ainsi que le greffier, ont signé le présent arrêt.

En marge de la minute est écrit.

Enregistré à Paris, le 16 janvier 1843, f. 198, c. 7, debet 1 fr. 10 c., décime compris.

Signé, CEZERAC.

Pour expédition conforme délivrée le 23 janvier au sieur Blancard, le greffier en chef de la Cour royale,

Signé, LOT.

La Cour royale de Paris persévère dans cette jurisprudence, comme on peut s'en convaincre dans l'arrêt rendu le 9 mars dernier (affaire Trouvin).

Imprimerie de F. MALTESTE et Cie, rue des Deux-Portes-Saint-Sauveur, 18